PARTYFOOD IN HIPPEN GLÄSCHEN

Partyfood in hippen Gläschen

FLORENT MARGAILLAN

FOTOS ALINE PRINCET
STYLING MOTOKO OKUNO

HEEL

HEEL Verlag GmbH
Gut Pottscheidt
53639 Königswinter
Tel.: 02223 9230-0
Fax: 02223 9230-13
E-Mail: info@heel-verlag.de
www.heel-verlag.de

© der deutschen Ausgabe
2015 HEEL Verlag GmbH

Published in the French language originally under the title
Jolies Verrines
© 2014, First Éditions, an imprint of Edi8, Paris
Original-ISBN 978-2-7540-6744-7

© Text: Florent Margaillan
© Fotos: Aline Princet

Deutsche Ausgabe:
Übersetzung: Carolin Wiedemeyer
Satz: gb-s Mediendesign, Königswinter
Covergestaltung: Axel Mertens
Lektorat: Claudia Harhammer

Printed in Czech Republik

ISBN 978-3-95843-166-9

INHALT

HERZHAFT

SÜSS

EINLEITUNG

Am Anfang waren die Verrines noch eine exklusive Spezialität großer Restaurants. Inzwischen haben sie sich emanzipiert und werden nicht selten auch bei einem Essen unter Freunden serviert. Die Vorteile dieser köstlichen Kleinigkeiten im Glas liegen auf der Hand: Sie lassen sich nach einfachen Rezepten gut im Voraus zubereiten und sind hübsch anzusehen. Und so findet man sie immer öfter auf unseren Tischen.

Das Prinzip der Verrines basiert auf dem Spiel mit Farben, Formen, Texturen und Aromen und löst die horizontale Anordnung auf dem Teller durch eine vertikale Schichtung im Glas ab.

Die Rezepte in diesem Buch sind leicht umsetzbar; die durchschnittliche Zubereitungszeit beträgt nicht mehr als 20 Minuten. Das Geheimnis der leckeren Verrines besteht vor allem in der Verwendung von frischen Zutaten.

Die Art des Glasbehälters hat sicher eine gewisse Bedeutung für die optische Wirkung, aber scheuen Sie sich nicht, alle möglichen Formen und Größen auszuprobieren. Lassen Sie Ihrer Fantasie freien Lauf!

Zu guter Letzt möchte ich noch einmal betonen, dass hier vor allem das Vergnügen im Vordergrund steht. Ein gemeinsames Essen ist ein Moment des Miteinanders und der Gastfreundschaft, und was auch immer Ihre Talente sind, vergessen Sie dabei nicht, was wirklich zählt: sich selbst und anderen eine Freude zu machen. Das ist der Schlüssel zum Erfolg!

BLOODY MARY MIT MIESMUSCHELN

4 PERSONEN · PREISWERT · SEHR EINFACH · ZUBEREITUNGSZEIT: 10 MIN.

ZUBEHÖR

1 Schüssel – 4 Zahnstocher – 4 Gläser

ZUTATEN

300 g Miesmuscheln, gekocht
150 ml Wodka
500 ml Tomatensaft
Saft von 1 Zitrone
20 ml Worcestershiresauce
8 Tropfen Tabasco®
Selleriesalz
4 Kirschtomaten
4 Sellerieblätter

ZUBEREITUNG

Schälen Sie die gekochten Muscheln und legen Sie sie auf den Boden der Gläser. Verrühren Sie den Tomatensaft, den Wodka, den Zitronensaft, die Worcestershiresauce und den Tabasco® in der Schüssel. Geben Sie das Selleriesalz dazu und schmecken Sie die Mischung ab.
Füllen Sie sie in die Gläser. Bereiten Sie aus den Zahnstochern, Kirschtomaten und Sellerieblättern 4 kleine Spieße zu und verteilen Sie diese auf die Gläser.

TOMATEN-BASILIKUM-MOUSSE

4 PERSONEN · PREISWERT · EINFACH · ZUBEREITUNGSZEIT: 15 MIN. · KÜHLZEIT: 60 MIN.

ZUBEHÖR

2 Schüsseln – 1 Handmixer – 4 Gläser

ZUTATEN

250 ml Tomatensauce
200 ml Schlagsahne (sehr kalt)
2 Blatt Gelatine
80 g Basilikumpesto
20 g Pinienkerne
4 Basilikumblätter

ZUBEREITUNG

Füllen Sie je 20 g Pesto in die Gläser. Weichen Sie die Gelatineblätter derweil in kaltem Wasser ein. Schlagen Sie die Sahne steif. Erhitzen Sie 125 ml Tomatensauce mit der ausgedrückten Gelatine in der Mikrowelle und vermengen Sie die Mischung anschließend mit der restlichen Tomatensauce. Heben Sie die Sahne vorsichtig unter die Tomatensauce.
Füllen Sie die Mischung in die Gläser und stellen Sie sie für 1 Stunde kalt. Dekorieren Sie die Verrines vor dem Servieren mit den Pinienkernen und Basilikumblättern.

LINSEN-CAPPUCCINO MIT HASELNUSS

4 PERSONEN • MITTELPREISIG • EINFACH • ZUBEREITUNGSZEIT: 15 MIN. • KOCHZEIT: 25 MIN.

ZUBEHÖR

1 Kochtopf – 1 Schüssel – 1 Stabmixer
1 Handmixer – 4 Kaffeetassen aus Glas

ZUTATEN

100 g Linsen
10 g Butter
1 Lauchstange
½ Zwiebel
½ Karotte
500 ml Geflügelbouillon
250 ml Schlagsahne
20 g Haselnüsse, gemahlen
4 ganze Haselnüsse
Salz
Pfeffer, frisch gemahlen

Variante

Ersetzen Sie die Linsen durch Kichererbsen.

Tipp

Streichen Sie das Linsenpüree durch ein Sieb, um Schalenreste zu entfernen.

ZUBEREITUNG

Schneiden Sie die Karotte in Scheiben sowie den Lauch und die Zwiebelhälfte in feine Ringe. Dünsten Sie die Zwiebelringe in zerlassener Butter an und geben Sie dann den Lauch und die Karottenscheiben hinzu. Lassen Sie das Gemüse 2 bis 3 Minuten köcheln und fügen Sie dann die Linsen und die Gemüsebouillon hinzu. Anschließend lassen Sie alles für 20 Minuten köcheln. Geben Sie 100 ml Sahne zur Linsenmischung und pürieren Sie sie. Schmecken Sie das Püree mit Salz und Pfeffer ab. Schlagen Sie 150 ml Sahne steif und heben Sie die gemahlenen Haselnüsse darunter.
Füllen Sie die Tassen zu 4 Teilen mit dem warmen Linsenpüree und zu 1 Teil mit Haselnusssahne. Garnieren Sie die Sahnehauben mit je 1 Haselnuss. Das Püree sollte sofort verzehrt werden.

CAPRESE EINMAL ANDERS

4 PERSONEN • MITTELPREISIG • EINFACH • ZUBEREITUNGSZEIT: 20 MIN. • KOCHZEIT: 5 MIN. • KÜHLZEIT: 60 MIN.

ZUBEHÖR

1 Kochtopf – 1 Schüssel – 1 Handmixer
4 zylinderförmige Gläser

ZUTATEN

1 Bund Basilikum
1 Blatt Gelatine (2 g)
4 Tomaten
1 Kugel Mozzarella
Salz

Variante

Mischen Sie geröstete Pinienkerne unter die Tomatenwürfel.

Tipp

Benutzen Sie zum Ausstechen der Mozzarellascheiben eines der Gläser, in denen Sie die Verrine anrichten, dann erhalten Sie die perfekte Passform.

ZUBEREITUNG

Weichen Sie die Gelatine in kaltem Wasser ein. Zupfen Sie die Basilikumblätter ab und legen Sie 4 kleine Zweige zum Dekorieren beiseite. Lassen Sie die restlichen Basilikumblätter in einem Topf mit siedendem Wasser 5 Minuten kochen. Pürieren Sie das Basilikum anschließend in 150 ml Kochwasser und lösen Sie die Gelatine darin auf. Stellen Sie das Püree beiseite.

Waschen, entkernen und würfeln Sie die Tomaten. Geben Sie die Tomatenwürfel in eine Schüssel und schmecken Sie sie mit Salz und Pfeffer ab.

Schneiden Sie die Mozzarellakugel in 12 Scheiben und stechen Sie aus jeder Scheibe einen Kreis aus.

Bedecken Sie den Boden der Gläser mit Tomatenwürfeln, geben Sie etwas Basilikumgelee und eine Mozzarellascheibe darauf. Schichten Sie die Komponenten ein weiteres Mal in dieser Reihenfolge aufeinander. Stellen Sie die Gläschen 1 Stunde kalt und garnieren Sie sie vor dem Servieren mit je 1 Basilikumzweig.

LEICHTE CREME MIT RÄUCHERLACHS UND SPARGEL

4 PERSONEN · MITTELPREISIG · EINFACH · ZUBEREITUNGSZEIT: 25 MIN. · KOCHZEIT: 5 MIN. · KÜHLZEIT: 60 MIN.

ZUBEHÖR

1 Schüssel – 1 Teller – 1 Kochtopf
1 Handmixer – 4 Gläser

ZUTATEN

200 ml Schlagsahne (sehr kalt)
1 Bund Spargel
2 Scheiben Räucherlachs
1 TL Petersilie, gehackt
1 EL Olivenöl
4 Mini-Blinis
Salz
Pfeffer, frisch gemahlen

Variante

*Geben Sie einige gehackte Haselnüsse
zur Lachscreme.*

Tipp

*Hausgemachte Blinis (15 Stück):
Vermengen Sie 100 g Weizenmehl mit
100 g Buchweizenmehl, 1 TL Backpulver
und 1 Msp. Salz. Fügen Sie 1 Eigelb und
250 ml Milch hinzu. Formen Sie mit
einem Teelöffel kleine Teighaufen und
backen Sie diese in heißem Öl von jeder
Seite ca. 30 Sekunden lang.*

ZUBEREITUNG

Schälen Sie den Spargel sorgfältig und schneiden Sie die Spitzen ab. Kochen Sie die Spargelstangen in Salzwasser, aber passen Sie auf, dass sie nicht zu weich werden. Schrecken Sie sie anschließend mit kaltem Wasser ab, schneiden Sie sie in kleine Würfel und stellen Sie sie kalt.
Schneiden Sie die ungekochten Spargelspitzen der Länge nach in Streifen, legen Sie die Streifen auf einen Teller, beträufeln Sie sie mit Olivenöl und schmecken Sie sie mit Salz und Pfeffer ab. Decken Sie den Teller mit Frischhaltefolie ab und stellen Sie ihn für 1 Stunde in den Kühlschrank. Schneiden Sie den Räucherlachs in kleine Würfel. Schlagen Sie die Sahne steif und würzen Sie sie mit Salz und Pfeffer. Fügen Sie den Lachs, die Spargelwürfel und die gehackte Petersilie hinzu. Schmecken Sie die Creme ab und füllen Sie sie in die Gläser. Legen Sie je 1 Blini und zuletzt das Spargel-Carpaccio darauf.

KNUSPRIGES MIT AVOCADO, GARNELEN UND SESAM

4 PERSONEN · MITTELPREISIG · EINFACH · ZUBEREITUNGSZEIT: 20 MIN. · KOCHZEIT: 8 MIN.

ZUBEHÖR

1 Schale – 1 Schüssel
4 zylinderförmige Gläser

ZUTATEN

200 g Garnelen, geschält
2 reife Avocados
½ Limone
1 TL Mayonnaise
1 Spritzer Tabasco®
50 ml Schlagsahne
30 g Alfalfa-Sprossen
Salz
<u>Für die Sesamhaube:</u>
1 Eiweiß
45 g Puderzucker
35 g Mehl
30 g Butter
20 g Sesamkörner

ZUBEREITUNG

Bereiten Sie aus dem Zucker, dem Eiweiß, dem Mehl und der weichen Butter einen Teig zu. Stechen aus dem dünn ausgerollten Teig mit einem der Gläser 12 kleine Kreise aus und legen Sie diese auf ein mit Backpapier ausgelegtes Backblech.

Bestreuen Sie die Teigstücke mit Sesam und backen Sie sie anschließend im Ofen bei 180 °C ca. 8 Minuten.

Halbieren und entkernen Sie die Avocado. Holen Sie das Fruchtfleisch mit einem Löffel heraus und zerdrücken Sie es mit einer Gabel. Geben Sie den Zitronensaft, den Tabasco®, die Mayonnaise, die Sahne und das Salz dazu und schmecken Sie alles noch einmal ab.

Geben Sie auf den Boden der Gläser jeweils 1 Löffel Avocadocreme, darüber einige Garnelen und 1 Sesamplätzchen. Wiederholen Sie diesen Schritt 3 Mal und dekorieren Sie die Gläschen zum Schluss mit den Sprossen.

Variante

Ersetzen Sie die Garnelen durch Hühnerfleisch.

Tipp

Backen Sie die Sesamchips möglichst dünn, damit sie schön knusprig werden.

AUBERGINEN-CRUMBLE MIT ZIEGENKÄSE

4 PERSONEN · MITTELPREISIG · EINFACH · ZUBEREITUNGSZEIT: 15 MIN. · KOCHZEIT: 5 MIN.

ZUBEHÖR

1 Kochtopf – 3 Teller – 4 Gläser

ZUTATEN

200 g Ziegenkäse –2 Eier – 80 g Mehl
80 g Paniermehl – 500 ml Erdnussöl
Blattsalatmischung (zum Dekorieren)
Für den Auberginenkaviar:
4 mittelgroße Auberginen
2 Knoblauchzehen
4 Schalotten – 5 EL Olivenöl
Saft von 1 Zitrone – Meersalz
Pfeffer, frisch gemahlen

ZUBEREITUNG

Halbieren Sie die gewaschenen Auberginen und ritzen Sie das Fruchtfleisch gitterförmig ein. Garen Sie sie 30 Minuten bei 200 °C im Backofen. Hacken Sie in der Zwischenzeit die Zwiebeln und den Knoblauch klein. Kratzen Sie das Fruchtfleisch heraus und vermengen Sie es mit den Zwiebeln, dem Knoblauch, dem Zitronensaft und dem Olivenöl und schmecken Sie es mit Salz und Pfeffer ab. Verteilen Sie den Auberginenkaviar auf die Gläser.
Schneiden Sie den Ziegenkäse in ca. 2 x 2 cm große Würfel. Verquirlen Sie die Eier. Wälzen Sie die Käsewürfel nun in Mehl, Ei und Paniermehl. Wiederholen Sie den Vorgang. Erhitzen Sie das Erdnussöl und frittieren Sie die Käsewürfel darin. Legen Sie die Würfel auf den Auberginenkaviar, dekorieren Sie die Verrines mit den Salatblättern und servieren Sie sie sofort.

HACKFLEISCH-KARTOFFELPÜREE-AUFLAUF MIT ENTE

4 PERSONEN · MITTELPREISIG · EINFACH · ZUBEREITUNGSZEIT: 15 MIN. · KOCHZEIT: 20 MIN.

ZUBEHÖR

1 Kochtopf – 4 Gläser

ZUTATEN

600 g Kartoffeln
1 Knoblauchzehe
2 Entenschenkel (Enten-Confit)
150 ml Milch
60 g Butter
Semmelbrösel
Salz
Pfeffer, frisch gemahlen

ZUBEREITUNG

Kochen Sie die ungeschälten Kartoffeln mit der Knoblauchzehe ca. 20 Minuten lang in Salzwasser.
Lösen Sie das Entenfleisch von den Knochen, zerrupfen und erhitzen Sie es. Schälen Sie die Kartoffeln und zerdrücken Sie sie mit einer Gabel. Verarbeiten Sie die Kartoffeln mit der Butter und der Milch zu Kartoffelpüree und schmecken Sie es mit Salz und Pfeffer ab.
Geben Sie abwechselnd eine Schicht Kartoffelpüree und eine Schicht Entenfleisch in die Gläser. Wiederholen Sie den Vorgang, bis Sie mit einer Schicht Kartoffelpüree enden. Bestreuen Sie es mit Semmelbröseln und servieren Sie es, solange es warm ist.

KÜRBISPUDDING MIT MARONEN

4 PERSONEN · MITTELPREISIG · EINFACH · ZUBEREITUNGSZEIT: 15 MIN. · KOCHZEIT: 20 MIN.

ZUBEHÖR
1 Kochtopf – 1 Pfanne – 1 Stabmixer
4 feuerfeste Gläser

ZUTATEN
400 g Kürbis
250 ml Milch
150 ml Schlagsahne
3 Eier
1 Msp. Muskat
80 g Maronen, gekocht
10 g Butter
40 g Speck
Salz

ZUBEREITUNG
Schälen und entkernen Sie den Kürbis und würfeln Sie das Fruchtfleisch. Bringen Sie die Milch und die Sahne in einem Topf zum Kochen und geben Sie die Kürbiswürfel, die Hälfte der Maronen, den Muskat und das Salz hinzu. Lassen Sie alles bei geringer Hitze ca. 15 Minuten kochen.

Pürieren Sie den Kürbis mit dem Stabmixer, sobald er weich ist. Geben Sie die Eier dazu. Vierteln Sie die restlichen Maronen. Erhitzen Sie die Butter in der Pfanne und braten Sie den Speck glasig an. Fügen Sie die Maronen hinzu und braten Sie sie ca. 2 Minuten mit. Verteilen Sie die Maronen-Speck-Mischung auf die Gläser und füllen Sie sie dann mit der Kürbiscreme. Lassen Sie die Masse im Ofen bei 120 °C ca. 20 Minuten stocken.

Variante
Geben Sie ein paar Haselnüsse unter die Maronenmischung.

Tipp
Wenn Sie Vollmilch verwenden, wird die Creme noch sahniger.

SCHNEE-EIER MIT ZUCCHINI UND PARMESAN

4 PERSONEN • MITTELPREISIG • EINFACH • ZUBEREITUNGSZEIT: 20 MIN. • KOCHZEIT: 15 MIN. • KÜHLZEIT: 120 MIN.

ZUBEHÖR

1 Kochtopf – 1 Schüssel – 1 Stabmixer
1 Spritzbeutel – 1 Teller – 4 Gläser

ZUTATEN

2 kleine Zucchini, gewürfelt
1 EL Olivenöl
½ Zwiebel, fein geschnitten
1 Knoblauchzehe
400 ml Geflügelbouillon
100 ml Milch
100 g Speisequark
1 Bund Basilikum
2 Eiweiß
50 g Parmesan, gerieben
Salz
Pfeffer, frisch gemahlen

ZUBEREITUNG

Erhitzen Sie das Olivenöl in einem Topf und schwitzen Sie die Zwiebelstückchen darin an. Dünsten Sie die Zucchiniwürfel darin 4 bis 5 Minuten. Fügen Sie die geschälte Knoblauchzehe im Ganzen sowie die Geflügelbouillon und die Milch hinzu und lassen Sie alles 15 Minuten mit geschlossenem Deckel kochen. Pürieren Sie die Zucchinicreme und stellen Sie sie für ca. 2 Stunden kalt.

Schlagen Sie die Eiweiße steif. Salzen und pfeffern Sie den Eischnee. Decken Sie einen Teller mit Frischhaltefolie ab und formen Sie darauf aus dem Eischnee mit einem Spritzbeutel 4 große Kugeln. Stellen Sie den Teller mit den Kugeln für 30 Sekunden in die Mikrowelle. Vermengen Sie den Speisequark und die klein gezupften Basilikumblätter mit der Zucchinicreme und befüllen Sie die Gläser zur Hälfte damit. Wälzen Sie die Eischneekugeln in geriebenem Parmesan und setzen Sie sie in die Mitte der Gläser.

Variante
Geben Sie ein paar gehackte Haselnüsse in den Eischnee.

Tipp
Der Teller wird mit Frischhaltefolie abgedeckt, damit die Eischneekugeln ihre hübsche Form behalten und nicht festkleben.

MILLEFEUILLE MIT FOIE GRAS UND KIRSCHEN

4 PERSONEN · HOCHPREISIG · EINFACH · ZUBEREITUNGSZEIT: 20 MIN. · KOCHZEIT: 10 MIN.

ZUBEHÖR

1 Kochtopf – 1 Ausstechform (mit dem Durchmesser der Gläser)
4 edle, hohe Gläser

ZUTATEN

4 Scheiben Foie Gras
4 Scheiben Gewürzbrot
200 g Kirschen
1 EL Balsamicoessig
1 EL Honig
20 g Butter
1 Schalotte
4 Kirschen zum Dekorieren

Variante

Ersetzen Sie die Kirschen durch Erdbeeren.

Tipp

Das Erwärmen der Ausstechform erleichtert Ihnen das Ausstechen der Foie Gras.

ZUBEREITUNG

Hacken Sie die Schalotte klein. Schmelzen Sie die Butter in einem Topf und schwitzen Sie die Schalotte darin an. Fügen Sie den Honig, die Kirschen und den Balsamicoessig hinzu und lassen Sie alles ca. 10 Minuten auf kleiner Flamme einkochen. Stellen Sie es anschließend kalt.

Stechen Sie jeweils 8 Scheiben aus der Foie Gras und dem Gewürzbrot aus und toasten Sie die Brotscheiben.

Belegen Sie den Boden der Gläser mit einer Schicht Kirschen, darüber eine Scheibe Gewürzbrot und eine Scheibe Foie Gras. Wiederholen Sie den Vorgang 1 Mal. Beschneiden Sie den unteren Teil der Deko-Kirsche so, dass sie stehen bleibt, und platzieren Sie sie auf der obersten Schicht.

OLIVEN-MOUSSE MIT GERÄUCHERTER ENTENBRUST

4 PERSONEN · MITTELPREISIG · EINFACH · ZUBEREITUNGSZEIT: 20 MIN. · KÜHLZEIT: 60 MIN.

ZUBEHÖR

2 Schalen – 1 Schüssel – 1 Handmixer
1 Schneebesen – 4 Gläser

ZUTATEN

100 g schwarze Oliven, entsteint
2 Blatt Gelatine (4 g)
300 ml Schlagsahne
1 Bund Basilikum
4 Mini-Blinis
100 g geräucherte Entenbrust
4 Kirschtomaten

Variante
Ersetzen Sie die schwarzen Oliven durch grüne.

Tipp
Salzen Sie die Oliven-Mousse nicht, denn die Oliven sind bereits salzig genug.

ZUBEREITUNG

Weichen Sie die Gelatine in kaltem Wasser ein. Pürieren Sie die Oliven mit 150 ml Sahne und dem Basilikum. Lösen Sie die Gelatineblätter in der Mikrowelle auf (ca. 30 Sekunden) und geben Sie sie unter das Olivenpüree. Schlagen Sie die restliche Sahne steif und heben Sie sie vorsichtig unter das Olivenpüree. Füllen Sie die Gläser bis zur Hälfte mit der Oliven-Mousse und stellen Sie sie für ca. 1 Stunde kalt.

Legen Sie die Blinis auf die Mousse. Schneiden Sie die Entenbrust ganz fein und verteilen Sie sie auf den Blinis. Zum Schluss garnieren Sie die Verrine mit den Kirschtomaten.

CRÊME BRÛLÉE MIT CHAMPIGNONS UND KRABBEN

4 PERSONEN · MITTELPREISIG · EINFACH · ZUBEREITUNGSZEIT: 15 MIN. · KOCHZEIT: 30 MIN.

ZUBEHÖR

1 Kochtopf – 1 Pfanne – 1 Schüssel
4 feuerfeste Gläser

ZUTATEN

150 g frische Champignons
100 g Mini-Krabben
300 ml Milch
300 ml Schlagsahne
6 Eigelb
1 EL Olivenöl
Salz
Pfeffer, frisch gemahlen

ZUBEREITUNG

Putzen Sie die Champignons und entfernen Sie den Strunk. Vierteln Sie die Pilze und dünsten Sie sie in einer Pfanne mit Olivenöl an. Verteilen Sie die Champignons und die Krabben auf die Gläser.
Kochen Sie die Milch und die Sahne in einem Topf auf. Gießen Sie die Mischung über die Eigelbe, verrühren Sie alles miteinander und schmecken Sie es ab.
Füllen Sie die Gläser mit der Milch-Sahne-Mischung auf und backen Sie sie im Ofen bei 100 °C ca. 30 Minuten. Stellen Sie die Crème brûlée anschließend kalt.

Hinweis: Streuen Sie eine dünne Schicht Rohrzucker über die Creme und karamellisieren Sie sie mit einem Bunsenbrenner.

VERRINE MIT KRABBEN UND APFEL

4 PERSONEN · MITTELPREISIG · EINFACH · ZUBEREITUNGSZEIT: 15 MIN.

ZUBEHÖR

1 Schüssel – 4 Gläser

ZUTATEN

½ Kopfsalat
1 Apfel
1 Avocado
150 g Krabben
2 Scheiben Räucherlachs
2 EL Mayonnaise
50 ml Milch

ZUBEREITUNG

Vermengen Sie die Mayonnaise und die Milch in einer Schüssel. Fügen Sie den zerrupften Kopfsalat hinzu.
Legen Sie 4 Stückchen Lachs zum Dekorieren beiseite und schneiden Sie den Rest in feine Streifen. Pulen und halbieren Sie die Krabben. Schälen, entkernen und würfeln sie den Apfel und die Avocado. Vermengen Sie die Apfel- und Avocadostücke sowie den Lachs und die Krabben mit dem Kopfsalat. Verteilen Sie die Mischung auf die Gläser und garnieren Sie sie mit dem Lachs.

PANNACOTTA AUS PAPRIKA

4 PERSONEN • PREISWERT • EINFACH • ZUBEREITUNGSZEIT: 20 MIN. • KOCHZEIT: 10 MIN. • KÜHLZEIT: 120 MIN.

ZUBEHÖR

2 Töpfe – 1 feines Sieb – 1 Stabmixer
4 Gläser

ZUTATEN

2 grüne Paprika
2 rote Paprika
2 EL Olivenöl
200 ml Milch
200 ml Schlagsahne
2 Blatt Gelatine (4 g)
Salz

ZUBEREITUNG

Weichen Sie die Gelatine in kaltem Wasser ein.

Waschen, entkernen und würfeln Sie die Paprikaschoten. Dann dünsten Sie zunächst die roten Paprika in einem Topf mit 1 EL Olivenöl an. Salzen Sie sie und lassen Sie sie bei geringer Hitze 10 Minuten köcheln. Fügen Sie 1 Blatt Gelatine hinzu und pürieren Sie alles mit 100 ml Milch und 100 ml Sahne. Streichen Sie das Püree durch ein Sieb, um kleine Hautreste zu entfernen. Stellen Sie mit derselben Methode ein Püree aus der grünen Paprika her. Geben Sie dann eine Schicht rote Pannacotta in die Gläser und stellen Sie sie 1 Stunde kalt; füllen Sie sie anschließend mit grüner Pannacotta auf und stellen Sie sie nochmals 1 Stunde kalt.

Variante

Geben Sie als erste Schicht gedünstete grüne Paprikawürfel in die Gläser.

Tipp

Füllen Sie die Pannacotta mit einem Trichter ein, um Spritzer zu vermeiden.

KLEINER WEIZENSALAT MIT SCHINKEN

4 PERSONEN · MITTELPREISIG · EINFACH · ZUBEREITUNGSZEIT: 20 MIN. · KOCHZEIT: 15 MIN.

ZUBEHÖR
2 Töpfe – 1 Schüssel – 4 Gläser

ZUTATEN
150 g Weizen
12 Wachteleier
30 g Tomatenconfit
2 Scheiben roher Schinken
2 EL Mayonnaise
1 TL Walnussöl
4 Kirschtomaten
Basilikumblätter
Rucolablätter
Salz

ZUBEREITUNG

Lassen Sie den Weizen in einem großen Topf mit Salzwasser ca. 12 Minuten kochen. Sobald er gar ist, schrecken Sie ihn unter kaltem Wasser ab. Kühlen Sie ihn bis zur weiteren Verwendung.

Kochen Sie die Wachteleier ca. 4 Minuten und schrecken Sie sie sofort mit kaltem Wasser ab. Anschließend schälen und halbieren Sie die Eier und bewahren sie bis zur weiteren Verwendung kühl auf.

Schneiden Sie das Tomatenconfit in kleine Würfel und den Schinken in feine Streifen.

Vermengen Sie in einer Schüssel die Mayonnaise mit dem Walnussöl, den Tomatenstückchen und dem zerrupften Basilikum. Fügen Sie den Weizen hinzu, dann den Schinken, die Kirschtomaten und die Eierhälften. Schmecken Sie es mit Salz ab.

Verteilen Sie die Mischung auf die Gläschen und garnieren Sie sie mit Rucola.

Variante
Ersetzen Sie den Schinken durch kleine Krabben.

Tipp
Hausgemachtes Tomatenconfit: Tomaten für ca. 10 Sekunden in kochendes Wasser tauchen, häuten, vierteln und entkernen. Tomatenviertel in eine Tarte-Form legen. Salzen und pfeffern, mit ein wenig Olivenöl beträufeln und mit 1 Msp. Zucker bestreuen. Anschließend im Ofen bei 100 °C ca. 1 Stunde backen.

KLEINER QUINOASALAT MIT PAPRIKA

4 PERSONEN • MITTELPREISIG • EINFACH • ZUBEREITUNGSZEIT: 20 MIN. • KOCHZEIT: 15 MIN.

ZUBEHÖR
2 Kochtöpfe – 1 Schüssel – 4 Gläser

ZUTATEN
150 g Quinoa
½ grüne Paprika
100 g Kirschtomaten
50 g schwarze griechische Oliven
Saft von ½ Zitrone
3 EL Olivenöl
Feldsalatblätter
Salz

ZUBEREITUNG

Kochen Sie die Quinoa-Samen ca. 10 Minuten lang in Salzwasser, bis sie gar sind. Schrecken Sie sie sofort mit kaltem Wasser ab und stellen Sie sie kalt. Schneiden Sie die grüne Paprika in sehr kleine Stückchen und dünsten Sie sie in einem Topf in 1 EL Olivenöl an (anschließend mit Salz abschmecken). Halbieren und entsteinen Sie die Oliven und vierteln Sie die Kirschtomaten. Verrühren Sie 2 EL Olivenöl in einer Schüssel mit dem Zitronensaft. Geben Sie die Quinoa-Samen, die Paprika, die Kirschtomaten und die Oliven dazu und vermengen Sie alle Zutaten miteinander. Schmecken Sie den Quinoasalat mit Salz ab, füllen Sie ihn in die Gläser und garnieren Sie ihn mit Feldsalat.

Variante
Geben Sie fein geschnittenen Schinken in den Salat.

Tipp
Machen Sie den Salat mit grobem Meersalz etwas knackiger.

SELLERIECREME MIT BLUTWURST

4 PERSONEN · MITTELPREISIG · EINFACH · ZUBEREITUNGSZEIT: 20 MIN. · KOCHZEIT: 15 MIN.

ZUBEHÖR

2 Kochtöpfe – 1 Pfanne – 1 Handmixer
4 Gläser

ZUTATEN

½ Knollensellerie
300 g schwarze Blutwurst
20 g Butter
150 ml Schlagsahne
Salz
Pfeffer, frisch gemahlen

Variante

Mischen Sie die Selleriecreme mit gekochtem Porree.

Tipp

Bereiten Sie die Gläser im Voraus zu und wärmen Sie sie kurz vor dem Servieren in der Mikrowelle auf.

ZUBEREITUNG

Waschen und schälen Sie den Knollensellerie und schneiden Sie ihn in große Stücke. Kochen Sie ihn in einem Topf mit Salzwasser ca. 5 Minuten und lassen Sie ihn danach abtropfen.

Schmelzen Sie Butter in einem Topf und dünsten Sie den Sellerie darin ca. 2 bis 3 Minuten. Pürieren Sie ihn anschließend mit der Sahne und schmecken Sie das Püree mit Salz und Pfeffer ab.

Braten Sie die Blutwurst in der Pfanne an (von jeder Seite ca. 5 Minuten) und schneiden Sie sie in Scheiben. Legen Sie je 1 Scheibe Blutwurst in die Gläser und geben Sie eine Schicht Selleriecreme darüber. Wiederholen Sie den Vorgang. Servieren Sie die Speise, solange sie warm ist.

RUCOLASALAT MIT APFEL

4 PERSONEN • PREISWERT • EINFACH • ZUBEREITUNGSZEIT: 15 MIN. • KOCHZEIT: 10 MIN.

ZUBEHÖR

1 Schüssel – 1 Pfanne – 4 Gläser

ZUTATEN

120 g Rucola
2 Äpfel
50 g Rosinen
50 g Walnüsse
100 ml Cidre
20 g Butter
1 EL Walnussöl
1 TL Apfelessig
Salz

ZUBEREITUNG

Schälen, entkernen und würfeln Sie die Äpfel. Erhitzen Sie die Butter in der Pfanne und dünsten Sie die Äpfel darin an. Geben Sie den Cidre und die Rosinen hinzu und lassen Sie alles 5 Minuten lang köcheln. Stellen Sie es anschließend kalt.

Vermischen Sie das Walnussöl und den Apfelessig in einer Schüssel. Salzen Sie die Mischung und vermengen Sie sie mit dem Rucola und den Walnüssen. Befüllen Sie die Gläser zuerst mit den Äpfeln und dann mit dem Rucola-Walnuss-Salat.

PAPRIKA-HIMBEER-GAZPACHO

4 PERSONEN • MITTELPREISIG • SEHR EINFACH • ZUBEREITUNGSZEIT: 10 MIN. • KOCHZEIT: 60 MIN.

ZUBEHÖR

1 Standmixer – 1 feines Sieb – 4 Gläser

ZUTATEN

4 rote Paprika
400 g Himbeeren
1 Msp. Cayennepfeffer
100 ml Tomatensaft
Saft von ½ Zitrone

ZUBEREITUNG

Waschen Sie die Paprika und wickeln Sie die Schoten einzeln in Aluminiumfolie ein.

Backen Sie die Paprika ca. 1 Stunde bei 180 °C im Ofen. Lassen Sie sie abkühlen. Häuten, halbieren und entkernen Sie die Schoten.

Pürieren Sie das Paprikafruchtfleisch mit den Himbeeren, dem Zitronensaft, dem Tomatensaft und dem Cayennepfeffer. Streichen Sie die Gazpacho durch ein feines Sieb, füllen Sie es in die Gläser und garnieren Sie es mit einer Himbeere.

RICOTTA-GEMÜSE-GLÄSCHEN

4 PERSONEN · MITTELPREISIG · EINFACH · ZUBEREITUNGSZEIT: 20 MIN. · KOCHZEIT: 10 MIN. · KÜHLZEIT: 120 MIN.

ZUBEHÖR

1 Kochtopf – 1 Pfanne – 1 Stabmixer
4 hohe Gläser (ca. 4 cm Durchmesser)

ZUTATEN

200 g Ricotta
200 ml Milch
2 Blatt Gelatine (4 g)
1 Bund Basilikum
1 Zucchini
1 Aubergine
2 EL Olivenöl
1 Glas Piquillo-Paprika (Alternative:
Spitzpaprika)
4 Basilikumblätter
Salz

ZUBEREITUNG

Waschen Sie die Zucchini und die Aubergine und schneiden Sie sie in dünne Scheiben. Salzen Sie die Scheiben und braten Sie sie nacheinander in Olivenöl an. Nehmen Sie sie aus der Pfanne und legen Sie sie auf Küchenpapier.
Weichen Sie die Gelatine in kaltem Wasser ein. Kochen Sie die Milch kurz auf und erhitzen Sie den Ricotta darin. Nehmen Sie die Ricotta-Milch-Mischung vom Herd und pürieren Sie sie. Rühren Sie 5 zerrupfte Basilikumblätter und die Gelatine unter.
Schneiden Sie die Paprika in 12 Scheiben (Durchmesser entspricht dem der Gläser).
Belegen Sie den Boden der Gläser mit Zucchini- und Auberginenscheiben und legen Sie je 1 Scheibe Paprika darauf. Gießen Sie eine dünne Schicht Ricottacreme darüber. Wiederholen Sie diesen Vorgang 3 Mal. Stellen Sie die Gläschen 2 Stunden kalt und garnieren Sie sie vor dem Servieren mit Basilikumblättchen.

Variante
Peppen Sie das Gemüse mit ein paar Pinienkernen auf.

Tipp
Die Piquillo – eine Art Spitzpaprika – schmeckt mild und aromatisch und stammt ursprünglich aus dem Baskenland. Schneiden Sie die Paprikascheiben am besten mithilfe der Gläser zurecht, damit die Ricottacreme nicht zwischen die Schichten fließt.

DICKE-BOHNEN-SALAT MIT SPECK

4 PERSONEN · MITTELPREISIG · EINFACH · ZUBEREITUNGSZEIT: 15 MIN. · KOCHZEIT: 5 MIN.

ZUBEHÖR

1 Kochtopf – 1 Schüssel
1 Pfanne – 4 Gläser

ZUTATEN

1 kg dicke Bohnen
100 g Speck
½ Schalotte
1 TL Schnittlauch
1 TL Balsamicoessig
1 EL Olivenöl
4 Zweige Petersilie
Salz
Pfeffer, frisch gemahlen

ZUBEREITUNG

Enthülsen Sie die Bohnen und kochen Sie sie in einem Topf mit Salzwasser gar (bissfest-knackig). Schrecken Sie sie mit kaltem Wasser ab und ziehen Sie die Haut ab.
Braten Sie den Speck in der Pfanne an. Hacken Sie die Schalotte klein. Verrühren Sie das Öl und den Essig in einer Schüssel miteinander und geben Sie nach und nach zunächst die Schalotte und den Schnittlauch, dann die Bohnen und den Speck hinein. Schmecken Sie den Bohnensalat mit Salz und Pfeffer ab, füllen Sie ihn in die Gläser und garnieren Sie ihn mit ein wenig Petersilie.

CHICORÉESALAT MIT ORANGE

4 PERSONEN · PREISWERT · EINFACH · ZUBEREITUNGSZEIT: 10 MIN.

ZUBEHÖR

1 Schüssel – 4 Gläser

ZUTATEN

2 Chicorée
2 Orangen
50 g Pistazienkerne
Safran
1 EL Walnussöl
Salz
Pfeffer, frisch gemahlen

ZUBEREITUNG

Waschen Sie die Chicorée, halbieren Sie sie längs und schneiden Sie sie in feine Streifen. Schälen, filetieren und dritteln Sie die Orangen. Fangen Sie den Orangensaft auf und mischen Sie ihn mit dem Safran und dem Walnussöl. Geben Sie das Fruchtfleisch, die Chicorée und die Pistazienkerne dazu. Schmecken Sie den Chicoréesalat mit Salz und Pfeffer ab und verteilen Sie ihn auf die Gläschen.

ROTE-LINSEN-TERRINE MIT LACHS

4 PERSONEN • MITTELPREISIG • EINFACH • ZUBEREITUNGSZEIT: 20 MIN. • KOCHZEIT: 15 MIN. • KÜHLZEIT: 60 MIN.

HERZHAFT

ZUBEHÖR
2 Kochtöpfe – 1 Schüssel – 4 Gläser

ZUTATEN
150 g rote Linsen
50 g Erbsen, gekocht
100 g Lachs
½ Schalotte
1 TL Schnittlauch, gehackt
500 ml Madeira-Gelee

Variante
Fügen Sie kleine Krabben hinzu!

Tipp
Pochieren Sie den Lachs in Fischbrühe,
um den Fischgeschmack zu
unterstreichen.

ZUBEREITUNG
Füllen Sie einen Kochtopf mit kaltem Wasser und geben Sie die Linsen hinein. Bringen Sie das Wasser zum Sieden und lassen Sie die Linsen darin ca. 15 Minuten köcheln. Schrecken Sie sie ab und lassen Sie sie abtropfen.
Schneiden Sie den Lachs in ca. 1 cm große Würfel. Erhitzen Sie Wasser in einem Topf, aber lassen Sie es nicht kochen. Pochieren Sie den Lachs ca. 2 bis 3 Minuten im heißen Wasser und stellen Sie ihn dann beiseite.
Hacken Sie die Schalotte klein und vermischen Sie sie in einer Schüssel mit dem Schnittlauch, den roten Linsen und den Erbsen. Geben Sie die pochierten Lachswürfel hinzu und vermischen Sie die Zutaten vorsichtig miteinander. Füllen Sie die Mischung in die Gläser und drücken Sie sie leicht nach unten, bevor Sie die Gläser mit Madeira-Gelee auffüllen.
Die Terrine sollte vor dem Servieren mind. 1 Stunde gekühlt werden.

PROVENZALISCHES GEMÜSE-TIAN

4 PERSONEN • PREISWERT • EINFACH • ZUBEREITUNGSZEIT: 20 MIN. • KOCHZEIT: 15 MIN.

ZUBEHÖR
1 Kochtopf – 1 Pfanne – 4 Gläser

ZUTATEN
1 Zucchini
1 Aubergine
100 ml Tomatensauce
1 Zwiebel
3 EL Olivenöl
Kräuter der Provence
4 kleine Rosmarinzweige

Variante
*Legen Sie ein paar Scheiben Chorizo
zwischen die Gemüsescheiben.*

Tipp
*Bereiten Sie die Gläser im Voraus zu und
wärmen Sie sie kurz vor dem Servieren
in der Mikrowelle auf.*

ZUBEREITUNG

Schälen und hacken Sie die Zwiebel. Schwitzen Sie die Zwiebelstückchen in
einem Topf mit 1 EL Olivenöl an und würzen Sie sie mit Kräutern der Provence.
Lassen Sie die Zwiebeln ca. 10 Minuten auf kleiner Flamme zu einer Art
Kompott eindicken.

Schneiden Sie die Zucchini in feine Scheiben und braten Sie sie mit
1 EL Olivenöl in der Pfanne an. Bereiten Sie die Aubergine auf die gleiche
Weise zu.

Bedecken Sie nun den Boden der Gläser mit ein wenig Zwiebelkompott,
legen Sie abwechselnd Gemüsescheiben übereinander und geben Sie ein
wenig Tomatensauce darüber. Wiederholen Sie dieses Schichtmuster 2 Mal.
Garnieren Sie die oberste Schicht mit einem kleinen Rosmarinzweig und
servieren Sie die Verrine sofort.

ERBSEN MIT SCHINKEN UND POPCORN

4 PERSONEN · MITTELPREISIG · EINFACH · ZUBEREITUNGSZEIT: 20 MIN. · KOCHZEIT: 10 MIN.

ZUBEHÖR

2 Kochtöpfe – 1 Pfanne – 4 Gläser

ZUTATEN

50 g Popcorn-Mais
1 EL Erdnussöl
Butter
¼ Zwiebel
1 EL Olivenöl
200 g Erbsen, gekocht
150 g frische Champignons
2 Scheiben roher Schinken
100 ml Bratensauce
Salz

ZUBEREITUNG

Erhitzen Sie das Erdnussöl in einem Topf und geben Sie den Mais mit etwas Salz hinein. Schließen Sie den Topf mit einem Deckel und lassen Sie das Popcorn darin tanzen.

Waschen Sie die Champignons, stutzen Sie die Stielenden und vierteln Sie die Pilze. Erhitzen Sie 1 EL Olivenöl in der Pfanne und braten Sie die Champignons darin an. Schmecken Sie sie mit Salz ab.

Schälen und hacken Sie die Zwiebel. Schneiden Sie den Schinken in feine Streifen. Dünsten Sie die Zwiebel in einem Topf mit Butter, bis sie glasig ist, und braten Sie anschließend die Erbsen und den Schinken zusammen mit der Zwiebel an.

Erhitzen Sie die Bratensauce. Befüllen Sie die Gläser mit der Erbsen-Schinken-Pilz-Mischung. Runden Sie die Verrine mit etwas Popcorn und Bratensauce ab. Servieren Sie sie warm.

Variante
Ersetzen Sie den Schinken durch Chorizo.

Tipp
Rütteln Sie bei der Zubereitung des Popcorns kräftig am Topf, damit die Körner nicht anbrennen.

GEBRATENE APRIKOSEN MIT ROSMARIN UND JOGHURTCREME

4 PERSONEN · MITTELPREISIG · EINFACH · ZUBEREITUNGSZEIT: 20 MIN. · KOCHZEIT: 5 MIN. · KÜHLZEIT: 60 MIN.

ZUBEHÖR

1 Pfanne – 2 Schüsseln
1 Handmixer – 4 ovale Gläser

ZUTATEN

6 Aprikosen
2 EL Honig
1 Zweig Rosmarin
2 Becher Naturjoghurt
150 ml Schlagsahne (sehr kalt)
20 g Zucker
1½ Blatt Gelatine (3 g)
4 kleine Rosmarinspitzen

ZUBEREITUNG

Waschen Sie die Aprikosen und schneiden Sie sie in 6 Teile. Geben Sie den Honig, die Aprikosen und den Rosmarinzweig in eine heiße Pfanne und braten Sie alles gut an.

Nehmen Sie den Rosmarinzweig heraus. Legen Sie 2 Aprikosen beiseite und füllen Sie die Gläser mit den restlichen Früchten.

Lassen Sie die Gelatine in kaltem Wasser einweichen. Rühren Sie den Zucker unter den Joghurt. Schlagen Sie die Sahne steif und heben Sie sie unter den Joghurt. Lösen Sie die Gelatine in der Mikrowelle auf (30 Sekunden) und heben Sie sie vorsichtig unter die Joghurt-Sahne-Mischung. Füllen Sie die Gläser mit der Creme auf und stellen Sie sie für mind. 1 Stunde kalt.

Pürieren Sie die verbliebenen Aprikosen und streichen Sie sie durch ein Sieb. Geben Sie das Püree auf die Creme und garnieren Sie sie mit den Rosmarinspitzen.

Variante

Verwenden Sie statt Rosmarin Zitronenverbene.

Tipp

Stellen Sie die Sahne sowie die Schüssel 10 Minuten in den Tiefkühlschrank, bevor Sie die Sahne darin steif schlagen.

NUSS-CAPPUCCINO

4 PERSONEN · PREISWERT · EINFACH · ZUBEREITUNGSZEIT: 20 MIN. · KOCHZEIT: 5 MIN. · KÜHLZEIT: 60 MIN.

ZUBEHÖR

1 Kochtopf – 1 Schale – 1 Handmixer
4 Kaffeetassen aus Glas (5 cm hoch)

ZUTATEN

250 ml Milch
80 g Zucker
4 Eigelb
10 g löslicher Kaffee
50 g Butter
40 g ganze Haselnüsse
200 ml Schlagsahne (sehr kalt)
15 g Vanillezucker
20 g Haselnüsse, gemahlen
1 TL Kakao

Variante

*Verwenden Sie statt Haselnüsse
Erdnüsse.*

Tipp

*Pürieren Sie die Kaffeecreme nach dem
Kochen, um Klümpchen aufzulösen. Die
Sahne sollte schön cremig bleiben und
wie Milchschaum aussehen.*

ZUBEREITUNG

Vermischen Sie das Eigelb mit dem Zucker. Kochen Sie die Milch in einem
Kochtopf kurz auf, nehmen Sie dann den Topf vom Herd und gießen Sie
die Milch über die Eigelb-Zucker-Mischung. Lassen Sie das Ganze erneut
aufkochen und rühren Sie den löslichen Kaffee und die Butter unter. Füllen Sie
die Tassen zu zwei Dritteln mit der Kaffeecreme.

Legen Sie 4 Haselnüsse zum Dekorieren beiseite, hacken Sie die restlichen
Nüsse klein und streuen Sie sie auf die Creme. Stellen Sie die Tassen in den
Kühlschrank.

Schlagen Sie nun die Sahne steif (cremig, nicht fest) und mischen Sie den
Vanillezucker und die gemahlenen Haselnüsse darunter. Verteilen Sie die
Sahne auf die Tassen, bestreuen Sie sie mit Kakao und garnieren Sie sie mit
einer Nuss.

MINI-ERDBEER-CHARLOTTE

4 PERSONEN · PREISWERT · EINFACH · ZUBEREITUNGSZEIT: 20 MIN. · KÜHLZEIT: 60 MIN.

ZUBEHÖR

1 Kochtopf – 1 Schüssel
1 Stabmixer – 1 Handmixer
4 zylinderförmige Gläser

ZUTATEN

1 Packung Löffelbiskuits
50 ml Erdbeersirup
100 g Erdbeeren
50 g Schaumzucker-Erdbeeren
250 ml Schlagsahne

ZUBEREITUNG

Halbieren Sie die Löffelbiskuits und tunken Sie sie in den mit Wasser verdünnten Sirup. Stellen Sie die Biskuits an den Innenseiten der Gläser nebeneinander auf.

Waschen, putzen und vierteln Sie die Erdbeeren. Legen Sie 4 Früchte zum Garnieren beiseite. Bringen Sie die Hälfte der Sahne zum Kochen, fügen Sie die Schaumzucker-Erdbeeren hinzu und pürieren Sie das Ganze.

Schlagen Sie die restliche Sahne steif und heben Sie sie vorsichtig unter die Erdbeercreme. Geben Sie die Erdbeerviertel in die Creme.

Füllen Sie die Creme in die Gläser und stellen Sie sie für 1 Stunde kalt. Garnieren Sie sie vor dem Servieren mit einer Erdbeere und einem Schaumzucker-Bonbon.

BIRNEN-CRUMBLE MIT SAFRAN

4 PERSONEN · MITTELPREISIG · SEHR EINFACH · ZUBEREITUNGSZEIT: 15 MIN. · KOCH- UND BACKZEIT: 25 MIN.

ZUBEHÖR

1 Kochtopf – 1 Schüssel – 1 Stabmixer –
1 Handmixer – 4 zylinderförmige Gläser

ZUTATEN

4 Birnen
Safran
1 EL Rohrzucker
20 g Butter
1 Sprühsahne
Für das Crumble:
50 g Butter
30 g Zucker
30 g Mehl
30 g Mandeln, gemahlen

ZUBEREITUNG

Verkneten Sie die Butter, das Mehl, den Zucker und die Mandeln mit den Fingern zu einem Teig und zerbröseln Sie ihn über einem mit Backpapier ausgelegten Blech. Backen Sie die Teigbrösel ca. 12 Minuten bei 180 °C und lassen Sie ihn abkühlen.

Waschen, schälen und würfeln Sie die Birnen. Schmelzen Sie die Butter in einer Pfanne und geben Sie den Rohrzucker hinein. Dann fügen Sie die Birnen und den Safran hinzu und lassen alles 10 Minuten köcheln, bis es zu einem Kompott eindickt. Lassen Sie das Birnenkompott abkühlen, füllen Sie es in die Gläschen, geben Sie eine Schicht Sprühsahne darauf und bestreuen Sie es mit den Teigbröseln.

WIE SCHWARZWÄLDER KIRSCHTORTE

4 PERSONEN · MITTELPREISIG · EINFACH · ZUBEREITUNGSZEIT: 20 MIN. · KOCHZEIT: 5 MIN.

ZUBEHÖR

1 Kochtopf
1 Spritzbeutel mit geriffelter Tülle
1 Handmixer – 4 Gläser – 1 Sparschäler

ZUTATEN

4 TL Kirschkonfitüre
4 Scheiben Brioche
1 EL Kakao
60 g Zucker
60 g Amarena-Kirschen
200 ml Schlagsahne (sehr kalt)
15 g Vanillezucker
4 TL Haselnusscreme
20 g dunkle Schokolade

Variante

Ersetzen Sie die Kirschen durch Himbeeren.

Tipp

Halten Sie den Spritzbeutel beim Befüllen schräg und knicken Sie die Tülle ab, damit die Sahne nicht wieder herausfließt.

ZUBEREITUNG

Stechen Sie mit einem der Gläser 4 Kreise aus der Brioche aus. Bringen Sie in einem Topf 250 ml Wasser zum Kochen und geben Sie den Zucker und den Kakao hinein. Tunken Sie die Briochescheiben vorsichtig ein.

Geben Sie in jedes Glas 1 Löffel Kirschkonfitüre. Geben Sie den Vanillezucker in die Sahne und schlagen Sie sie steif. Tragen Sie mithilfe des Spritzbeutels eine Schicht Sahne auf die Kirschkonfitüre in den Gläsern auf.

Geben Sie ein paar Amarena-Kirschen auf die Sahne und legen Sie eine Brioche-Scheibe auf die Kirschen. Bestreichen Sie die Brioche mit 1 Teelöffel Haselnusscreme, geben Sie eine zweite Schicht Sahne und 1 Amarena-Kirsche darauf. Hobeln Sie zum Schluss mit dem Sparschäler ein paar Schokoladenspäne ab und garnieren Sie die Verrine damit.

BROWNIE MIT MANGO-SAFRAN-KOMPOTT

4 PERSONEN • MITTELPREISIG • EINFACH • ZUBEREITUNGSZEIT: 20 MIN. • KOCHZEIT: 10 MIN. • KÜHLZEIT: 60 MIN.

ZUBEHÖR

1 Schüssel – 1 Kochtopf – 1 Schale
1 Backblech – Backpapier – 4 Gläser

ZUTATEN

1 große Mango
100 ml Multivitaminsaft
50 g Zucker
Safran
Für den Brownie:
200 g dunkle Schokolade
150 g Butter
3 Eier
100 g Zucker
60 g Mehl
50 g Walnüsse, gehackt

Variante

Ersetzen Sie die Mango durch Ananas und den Safran durch Koriander.

Tipp

Gießen Sie nicht zu viel Flüssigkeit aus dem Kompott in die Gläser, sonst weichen die Brownies zu sehr auf.

ZUBEREITUNG

Waschen und schälen Sie die Mango. Würfeln Sie das Fruchtfleisch und geben Sie es in eine Schüssel. Erhitzen Sie im Kochtopf den Fruchtsaft mit dem Zucker und dem Safran. Gießen Sie den warmen Saft über die Mangowürfel und lassen Sie sie 1 Stunde im Kühlschrank marinieren.

Schmelzen Sie die Schokolade im Wasserbad und vermischen Sie sie mit der Butter. Vermengen Sie in einer Schüssel die Eier, den Zucker und das Mehl miteinander. Fügen Sie die Schokoladenmischung und die Walnüsse hinzu. Rollen Sie den Brownie-Teig dünn (d. h. weniger als 1 cm dick) auf einem mit Backpapier ausgelegten Blech aus. Backen Sie ihn im Ofen ca. 10 Minuten bei 180 °C. Stechen Sie aus dem abgekühlten Brownie mit einem der Gläser 8 Stücke aus. Legen Sie je 1 Browniescheibe in die Gläser und geben Sie eine Schicht Mangokompott darauf. Wiederholen Sie diesen Vorgang.

MANDARINEN MIT NUSSKROKANT

4 PERSONEN · MITTELPREISIG · EINFACH · ZUBEREITUNGSZEIT: 20 MIN. · KOCHZEIT: 37 MIN.

ZUBEHÖR

1 Kochtopf – 1 Schüssel – 1 Backblech
Backpapier – 4 Gläser

ZUTATEN

6 Mandarinen
1 Vanilleschote
100 g Zucker
200 g Quark
60 g Butter
60 g Rohrzucker
20 g Pistazien
40 g Haselnüsse, gehackt
50 g Mandeln, gehobelt

Variante

*Ersetzen Sie den Quark durch eine
Mischung aus Mascarpone und Joghurt.*

Tipp

*Zuckern Sie den Quark nicht, denn
seine milde Säure stellt einen
schönen Kontrast zum süßen
Mandarinenkompott dar.*

ZUBEREITUNG

Vermengen Sie die weiche Butter mit dem Rohrzucker und mischen Sie
vorsichtig die Pistazien, die Haselnüsse und die Mandeln unter. Verteilen Sie
die Mischung auf einem mit Backpapier ausgelegten Blech und backen Sie sie
ca. 12 Minuten bei 180 °C im Ofen.

Waschen Sie die Mandarinen und schneiden Sie die ungeschälten Früchte in
dünne Scheiben. Schaben Sie das Mark aus der Vanilleschote. Geben Sie die
Mandarinenscheiben zusammen mit dem Zucker und dem Vanillemark in einen
Topf und lassen Sie alles ca. 25 Minuten bei niedriger Temperatur köcheln.
Verteilen Sie die Hälfte des Mandarinenkompotts auf die Gläser. Brechen Sie
das Nusskrokant in große Stücke, legen Sie diese auf die Kompottschicht und
füllen Sie das Glas mit dem restlichen Kompott auf. Geben Sie eine Schicht
Quark darüber und garnieren Sie die Verrine mit einem Mandarinenstück.

HIMBEER-FEIGEN-CRUMBLE

4 PERSONEN · MITTELPREISIG · EINFACH · ZUBEREITUNGSZEIT: 20 MIN. · KOCH- UND BACKZEIT: 20 MIN.

SÜSS

ZUBEHÖR
1 Pfanne – 1 Schüssel
4 feuerfeste Gläser

ZUTATEN
6 frische Feigen
125 g Himbeeren
10 g Butter
20 g Rohrzucker
Für das Crumble:
60 g Butter
40 g Zucker
40 g Mehl
40 g Mandeln, gemahlen

ZUBEREITUNG

Waschen und vierteln Sie die Feigen. Erhitzen Sie die Pfanne und schmelzen Sie die Butter darin. Geben Sie die Feigenstücke und den Rohrzucker hinein und lassen Sie sie bei schwacher Hitze 5 Minuten köcheln. Geben Sie dann die Himbeeren hinein und lassen Sie das Ganze weitere 2 Minuten köcheln. Verteilen Sie die Obstmischung auf die Gläser.

Verkneten Sie die Butter, den Zucker, das Mehl und die Mandeln zu einer krümeligen Teigmasse. Geben Sie den Crumble-Teig über die Himbeer-Feigen-Mischung und backen Sie es ca. 15 Minuten im Ofen bei 180 °C. Servieren Sie das Crumble warm mit einem Sahnehäubchen.

Variante
Verfeinern Sie die Feigen-Himbeer-Mischung mit ein paar Walnüssen.

Tipp
Achtung, die Gläser sollten absolut feuerfest sein!

PISTAZIENCREME MIT HIMBEEREN

4 PERSONEN • MITTELPREISIG • EINFACH • ZUBEREITUNGSZEIT: 20 MIN. • KOCHZEIT: 10 MIN. • KÜHLZEIT: 60 MIN.

ZUBEHÖR

1 Kochtopf – 2 Schüsseln
1 Handmixer – 4 Gläser

ZUTATEN

1 Blatt Gelatine (2 g)
150 ml Schlagsahne (sehr kalt)
4 Scheiben Brioche
200 g Himbeeren
50 g rosa Marzipan
Für die Creme:
250 ml Milch
3 Eigelb
80 g Zucker
40 g Maisstärke
1 Vanilleschote
1 EL Pistazienpaste

Variante

Mischen Sie gehackte Pistazien unter die Creme.

Tipp

Damit die Creme gelingt, muss die Pistazienmischung sehr kalt sein, bevor die Sahne untergehoben wird.

ZUBEREITUNG

Schneiden Sie die Vanilleschote der Länge nach auf und schaben Sie das Mark heraus. Vermischen Sie die Eigelbe mit dem Zucker und der Maisstärke. Bringen Sie die Milch in einem Topf mit der Schote und dem Mark zum Kochen. Nehmen Sie die Schote heraus. Gießen Sie die Milch über die Eigelbmischung. Kochen Sie die Milch-Eigelb-Mischung erneut auf und rühren Sie die Pistazienpaste unter. Füllen Sie die Mischung in eine Schüssel, decken Sie sie mit Frischhaltefolie ab und stellen Sie sie für mind. 1 Stunde kalt.
Stechen Sie mit den Gläsern 4 runde Stücke aus den Briochescheiben aus. Legen Sie den Boden der Gläser damit aus und geben Sie dann ein paar Himbeeren darüber.
Weichen Sie derweil die Gelatine in kaltem Wasser ein. Schlagen Sie die Sahne steif. Nehmen Sie die Pistaziencreme aus dem Kühlschrank und rühren Sie sie glatt. Lösen Sie die Gelatine in der Mikrowelle auf und geben Sie sie in die Creme. Heben Sie vorsichtig die Sahne unter die Creme und verteilen Sie sie über die Himbeeren in den Gläsern. Legen Sie ein paar Himbeeren auf die Cremeschicht. Schneiden Sie 4 Scheiben Marzipan aus und bedecken Sie die Himbeerschicht mit je 1 Scheibe. Zum Schluss garnieren Sie die Marzipandeckel mit je 1 Himbeere.

SCHOKOLADEN-MILLEFEUILLE

4 PERSONEN · MITTELPREISIG · EINFACH · ZUBEREITUNGSZEIT: 20 MIN.

ZUBEHÖR

1 Kochtopf – 1 Schale – 2 Schüsseln
1 Handmixer – Backpapier – 1 Spritzbeutel
4 zylinderförmige, hohe Gläser

ZUTATEN

100 g weiße Schokolade
120 g dunkle Schokolade
200 ml Schlagsahne (sehr kalt)
2 Eier (2 Eigelb und 2 Eiweiß)
20 g Zucker

Variante

Mischen Sie gehackte Haselnüsse unter die Mousse.

Tipp

Streichen Sie die weiße Schokoladenmasse dünn genug aus, damit die Täfelchen beim Verzehr mit dem Löffel leichter zerbrechen.

ZUBEREITUNG

Schmelzen Sie die weiße Schokolade im Wasserbad und verstreichen Sie sie auf einem Blatt Backpapier zu einer dünnen Schicht. Sobald die Schokolade langsam aushärtet, stechen Sie mit einem der Gläser 16 Scheiben aus. Lassen Sie die Scheiben fest werden und lösen Sie sie vom Papier.

Schlagen Sie die Eier auf und trennen Sie das Eigelb vom Eiklar. Schmelzen Sie nun die dunkle Schokolade im Wasserbad und rühren Sie die Eigelbe unter. Schlagen Sie die Eiweiße zu Schnee, geben Sie den Zucker hinein und heben Sie den Eischnee vorsichtig unter die Schokoladen-Eigelb-Mischung. Schlagen Sie die Sahne steif und vermischen Sie sie vorsichtig mit der Mousse.

Füllen Sie mit dem Spritzbeutel eine Schicht Schokoladen-Mousse in die Gläser und legen Sie eine Scheibe weiße Schokolade darauf. Wiederholen Sie den Vorgang 3 Mal.

VERRINES MIT SPEKULATIUS UND HIMBEEREN

4 PERSONEN · PREISWERT · EINFACH · ZUBEREITUNGSZEIT: 15 MIN.

ZUBEHÖR

2 Schüsseln – 4 Gläser

ZUTATEN

150 g Himbeeren
Saft von ½ Zitrone
200 g Quark
2 TL Honig
6 Spekulatius

ZUBEREITUNG

Legen Sie 4 Himbeeren für die Dekoration beiseite. Zerdrücken Sie in einer Schüssel die Hälfte der restlichen Himbeeren mit einer Gabel. Fügen Sie 1 Teelöffel Honig und etwas Zitronensaft hinzu. Verrühren Sie in einer anderen Schüssel den Quark mit 1 Teelöffel Honig.
Füllen Sie die Honig-Himbeeren in die Gläser und geben Sie eine Schicht Quark darauf. Zerkrümeln Sie den Spekulatius und streuen Sie ihn darüber. Legen Sie eine Himbeere darauf. Wiederholen Sie diesen Vorgang ein weiteres Mal.

PANNACOTTA MIT WALDBEEREN

4 PERSONEN · PREISWERT · EINFACH · ZUBEREITUNGSZEIT: 15 MIN. · KOCHZEIT: 5 MIN. · KÜHLZEIT: 120 MIN.

ZUBEHÖR

1 Schüssel – 1 Kochtopf
1 Handmixer – 4 Gläser

ZUTATEN

300 ml Schlagsahne
200 ml Milch
1 Vanilleschote
2 Blatt Gelatine (4 g)
25 g Rohrzucker
150 ml Waldbeeren-Püree
4 Mini-Windbeutel

ZUBEREITUNG

Weichen Sie die Gelatine in einer Schüssel mit kaltem Wasser ein.
Kratzen Sie das Mark aus der Vanilleschote. Bringen Sie die Milch mit der Sahne, dem Zucker und dem Mark in einem Topf zum Kochen. Drücken Sie die Gelatine aus und geben Sie sie in die Milch. Vermengen Sie alle Zutaten mit dem Handmixer.
Füllen Sie die Gläser zur Hälfte mit der Pannacotta und stellen Sie sie für 2 Stunden in den Kühlschrank.
Sobald die Pannacotta fest geworden ist, überziehen Sie sie mit einer dünnen Schicht Waldbeeren-Püree und garnieren sie zum Schluss mit einem mittig platzierten Mini-Windbeutel.

WIE PIÑA COLADA

4 PERSONEN • MITTELPREISIG • EINFACH • ZUBEREITUNGSZEIT: 20 MIN. • KOCHZEIT: 5 MIN. • GEFRIERZEIT: 120 MIN.

SÜSS

ZUBEHÖR

2 Kochtöpfe – 1 Schale
1 große Schüssel – 4 Tumbler

ZUTATEN

½ Ananas
Saft von ½ Limone
150 ml Kokosmilch
1 EL Rohrzucker
100 ml Schlagsahne
2 Blatt Gelatine (4 g)
Für die Granita:
Saft von 1 Zitrone
100 ml brauner Rum
300 ml Wasser
50 g Rohrzucker

ZUBEREITUNG

Bringen Sie das Wasser in einem Topf zum Kochen und geben Sie den Rohrzucker, den Zitronensaft und den Rum hinein. Gießen Sie den Rum-Mix in die große Schüssel und stellen Sie sie in den Gefrierschrank oder ins Tiefkühlfach. Rühren Sie es mit einer Gabel oder einem Schneebesen regelmäßig um, damit sich feine Flocken bilden.

Schneiden Sie die Ananas in 3 mm große Stücke, vermischen Sie sie in einer Schale mit dem Limonensaft und füllen Sie sie in die Gläser.

Weichen Sie die Gelatine in kaltem Wasser ein. Bringen Sie die Kokosmilch mit der Sahne in einem Topf zum Kochen, rühren Sie dann den Rohrzucker und die ausgedrückte Gelatine unter.

Bedecken Sie die Ananasstücke im Glas mit der Kokoscreme. Stellen Sie die Gläser für 2 Stunden in den Kühlschrank. Garnieren Sie sie vor dem Servieren mit der Rum-Granita.

Variante

Mischen Sie ein paar Kokosnussstückchen unter die Ananaswürfel.

Tipp

Die Creme-Gläschen können im Voraus zubereitet werden. Vor dem Servieren muss lediglich die Granita hinzugefügt werden.

KIWI-SUPPE MIT MALIBU®

4 PERSONEN • PREISWERT • SEHR EINFACH • ZUBEREITUNGSZEIT: 10 MIN.

ZUBEHÖR
1 Standmixer – 2 kleine Teller – 4 Gläser

ZUTATEN
6 Kiwis
100 ml Kokosmilch
50 ml Malibu®-Rum
Saft von ½ Limone
1 EL Rohrzucker
2 EL Kokosnuss, gemahlen
50 ml Sirup (nach Wahl)
4 Kokosmakronen

ZUBEREITUNG
Gießen Sie den Sirup auf einen kleinen Teller und geben Sie die gemahlenen Kokosnüsse auf den anderen Teller. Tunken Sie die Glasränder zuerst in den Sirup und dann in die gemahlenen Kokosnüsse.
Schälen Sie die Kiwis und vermischen Sie sie mit der Kokosmilch, dem Malibu®, dem Rohrzucker und dem Limonensaft.
Füllen Sie die Kiwisuppe in die Gläser. Zerbröckeln Sie die Makronen und platzieren Sie die Stücke auf der Oberfläche der Suppe.

MELONENSUPPE MIT ZITRONENVERBENE

4 PERSONEN • PREISWERT • SEHR EINFACH • ZUBEREITUNGSZEIT: 10 MIN.

ZUBEHÖR
1 Kugelausstecher – 1 Standmixer
4 Gläser

ZUTATEN
1 Cantaloupe-Melone
Saft von ½ Zitrone
1 EL Rohrzucker
50 ml Muskateller
1 Sträußchen Zitronenverbene
4 Himbeeren zum Garnieren

ZUBEREITUNG
Halbieren Sie die Melone und formen Sie aus dem Fruchtfleisch mit dem Kugelausstecher 12 Bällchen. Stellen Sie sie zunächst kalt.
Mixen Sie das restliche Fruchtfleisch im Standmixer mit dem Zitronensaft, dem Rohrzucker und dem Muskateller.
Legen Sie 4 dekorative Verbeneblätter zum Garnieren beiseite. Zerrupfen Sie die restliche Verbene und geben Sie sie in die Melonensuppe. Gießen Sie die Suppe in die Gläser und verteilen Sie die Melonenkugeln darauf. Garnieren Sie sie mit je 1 Himbeere und 1 Verbeneblatt.

WAHRHAFTIGES KAFFEE-TIRAMISU

4 PERSONEN · PREISWERT · EINFACH · ZUBEREITUNGSZEIT: 20 MIN. · KÜHLZEIT: 120 MIN.

ZUBEHÖR
4 Schüsseln – 1 Handmixer – 4 Gläser

ZUTATEN
1 große Tasse Kaffee, frisch gebrüht
20 Löffelbiskuits
3 Eigelb
100 g Zucker
200 ml Schlagsahne (sehr kalt)
200 g Mascarpone
1 Vanilleschote
2 Blatt Gelatine (4 g)
1 TL Kakao

Variante
Geben Sie ein paar Himbeeren in die Creme.

Tipp
Bereiten Sie das Tiramisu am Vortag zu, dann schmeckt es noch besser!

ZUBEREITUNG

Tauchen Sie die Löffelbiskuits kurz in den warmen Kaffee ein.

Weichen Sie die Gelatine in einer Schüssel mit kaltem Wasser ein. Schlagen Sie in einer anderen Schüssel die Eigelbe mit dem Zucker schaumig, bis sich ihr Volumen verdreifacht hat.

Rühren Sie den Mascarpone in einer separaten Schüssel glatt. Kratzen Sie die Vanilleschote aus und geben Sie das Mark zum Mascarpone. Lösen Sie die Gelatine in der Mikrowelle auf und vermengen Sie sie unter kräftigem Rühren mit dem Mascarpone. Heben Sie die Eigelbe unter die Creme. Schlagen Sie die Sahne in einer anderen Schüssel steif und heben Sie sie vorsichtig unter die Creme.

Geben Sie zuerst eine Schicht Löffelbiskuits in die Gläser, darüber eine Schicht Mascarponecreme, dann noch eine Lage Biskuits und abschließend eine weitere Schicht Creme. Bestreuen Sie das Tiramisu mit dem Kakao und stellen Sie es vor dem Servieren 2 Stunden kalt.

ORANGEN-VERRINE MIT GRAND MARNIER

4 PERSONEN • MITTELPREISIG • EINFACH • ZUBEREITUNGSZEIT: 20 MIN. • KÜHLZEIT: 60 MIN.

ZUBEHÖR

2 Schalen – 1 Schüssel
1 Handmixer – 4 Gläser

ZUTATEN

4 Orangen
4 Scheiben Gewürzbrot
250 ml Schlagsahne (sehr kalt)
4 Blatt Gelatine (8 g)
50 ml Grand Marnier
4 Pfefferminzblätter
Für die Englische Creme:
400 ml Milch
6 Eigelb
80 g Zucker
1 Vanilleschote

ZUBEREITUNG

Weichen Sie die Gelatine in einer Schüssel mit kaltem Wasser ein.
Schälen, häuten und filetieren Sie die Orangen. Fangen Sie den Saft auf.
Verteilen Sie die Orangenfilets auf die Gläser. Stechen Sie mit einem der
Gläser 4 Scheiben aus dem Gewürzbrot aus, tunken Sie sie in den Orangensaft
und legen Sie sie auf die Orangenfilets.
Englische Creme: Verrühren Sie die Eigelbe und den Zucker, bis sich der
Zucker gelöst hat. Nach der Zugabe der Milch schlagen Sie die Mischung im
heißen Wasserbad auf, bis eine sämige Creme entsteht. (Die Mischung muss
dabei ständig umgerührt werden und darf nicht überhitzen, sonst denaturiert
das Eigelb.)
Erhitzen Sie die Gelatine mit dem Grand Marnier ca. 40 Sekunden lang in der
Mikrowelle und geben Sie sie dann in die Englische Creme.
Schlagen Sie die Sahne steif und heben Sie sie vorsichtig unter die Englische
Creme. Füllen Sie die Gläser damit auf und dekorieren Sie sie mit je 1
Pfefferminzblatt.

Variante

Mischen Sie etwas Orangenkonfitüre unter die Orangenfilets.

Tipp

Stellen Sie die Sahne und die Schüssel 10 Minuten ins Tiefkühlfach, bevor Sie sie steifschlagen.

VERRINE MIT GRAPEFRUIT UND ROSENWASSER

4 PERSONEN • MITTELPREISIG • EINFACH • ZUBEREITUNGSZEIT: 20 MIN. • KOCHZEIT: 5 MIN. • KÜHLZEIT: 60 MIN.

ZUBEHÖR

1 Kochtopf – 2 Schüsseln
1 Handmixer – 4 Gläser

ZUTATEN

1 EL Rosenwasser
1½ Blatt Gelatine (3 g)
100 ml Schlagsahne (sehr kalt)
4 Sablés Bretons (bretonische Butterkekse)
2 rote Grapefruits
4 unbehandelte Rosenblätter
Für die Konditorcreme:
250 ml Milch
3 Eigelb
50 g Zucker
40 g Mehl

ZUBEREITUNG

Stellen Sie zuerst die Konditorcreme her. Vermischen Sie dazu die Eigelbe mit dem Zucker in einer Schüssel. Fügen Sie das Mehl hinzu. Kochen Sie die Milch in einem Topf auf und gießen Sie sie über die Mischung. Bringen Sie das Ganze unter ständigem Rühren erneut zum Kochen. Füllen Sie die Konditorcreme in eine saubere Schüssel und stellen Sie sie kalt.

Schälen und häuten Sie die Grapefruits. Verteilen Sie die Fruchtfilets auf die Gläser. Zerstückeln Sie die Kekse grob und bedecken Sie die Früchte damit. Weichen Sie die Gelatine in kaltem Wasser ein. Rühren Sie die Konditorcreme mit dem Handmixer, bis sie sehr geschmeidig ist. Lösen Sie die Gelatine mit dem Rosenwasser in der Mikrowelle auf (ca. 30 Sekunden) und rühren Sie sie unter die Konditorcreme.

Schlagen Sie die Sahne steif und heben Sie sie vorsichtig unter. Füllen Sie nun die Gläser mit der Creme auf. Stellen Sie die Verrines für 1 Stunde kalt. Garnieren Sie sie vor dem Servieren mit einem Rosenblatt.

Variante
Vermischen Sie die Grapefruitstücke mit Rosenkonfitüre.

Tipp
Wenn Sie das Mehl durch Maisstärke ersetzen, erhält die Creme einen feineren Geschmack.

VERRINE MIT ROTEN BEEREN

4 PERSONEN · MITTELPREISIG · EINFACH · ZUBEREITUNGSZEIT: 20 MIN. · KÜHLZEIT: 60 MIN.

ZUBEHÖR

2 Schüsseln – 1 Handmixer – 4 Gläser

ZUTATEN

200 g Rote-Beeren-Mischung
150 g Quark
150 ml Schlagsahne (sehr kalt)
50 g Zucker
1 Vanilleschote
2 Blatt Gelatine (4 g)
8 Macarons
150 ml Waldbeeren-Püree
4 Himbeeren zum Dekorieren

Variante

Ersetzen Sie den Quark durch Mascarpone.

Tipp

Stellen Sie das Fruchtpüree selbst her, indem Sie 200 g Himbeeren und 100 g Erdbeeren mit 1 EL Zucker und etwas Wasser aufkochen, anschließend pürieren und passieren, um die Kerne zu entfernen.

ZUBEREITUNG

Verteilen Sie die Beerenmischung auf die Gläser und legen Sie ein Macaron darauf.

Weichen Sie die Gelatine in kaltem Wasser ein. Kratzen Sie das Mark aus der Vanilleschote. Vermischen Sie den Quark in einer Schüssel mit dem Zucker und dem Vanillemark. Lösen Sie die Gelatine in der Mikrowelle auf (ca. 40 Sekunden) und geben Sie sie in den Quark.

Schlagen Sie die Sahne steif und heben Sie sie vorsichtig unter den Quark. Füllen Sie die Gläser damit auf und stellen Sie sie für 1 Stunde in den Kühlschrank.

Runden Sie das Ganze mit einer Schicht Fruchtpüree ab und dekorieren Sie es mit einem Macaron und einer Himbeere.

VERRINE MIT MANGO UND MILCHSCHOKOLADE

4 PERSONEN • MITTELPREISIG • EINFACH • ZUBEREITUNGSZEIT: 15 MIN. • KOCHZEIT: 10 MIN.

ZUBEHÖR

1 Kochtopf – 1 Pfanne – 4 Gläser

ZUTATEN

100 g Milchschokolade
100 ml Milch
100 ml Schlagsahne
50 g Zucker
30 g Erdnüsse
1 Mango
50 ml Multivitaminsaft
1 Vanilleschote

ZUBEREITUNG

Bringen Sie die Milch und die Sahne in einem Topf zum Kochen und fügen Sie 20 g Zucker und die Milchschokolade hinzu. Verrühren Sie alle Zutaten und geben Sie dann die gehackten Erdnüsse hinein. Füllen Sie die Gläser bis zur Hälfte mit der Mischung und stellen Sie sie anschließend kalt.
Waschen und schälen Sie die Mango. Schneiden Sie das Fruchtfleisch in 1 cm große Würfel. Erhitzen Sie die Pfanne. Streuen Sie den restlichen Zucker hinein und karamellisieren Sie die Mangowürfel darin. Kratzen Sie die Vanilleschote aus und geben Sie das Mark zu den Mangowürfeln. Gießen Sie den Fruchtsaft dazu und lassen Sie das Ganze 5 Minuten köcheln, bis es zu einem Kompott eindickt. Lassen Sie es abkühlen und füllen Sie die Gläser damit auf.

PFIRSICH-VERRINE MIT WEISSER SCHOKOLADE

4 PERSONEN • PREISWERT • EINFACH • ZUBEREITUNGSZEIT: 15 MIN. • KOCHZEIT: 10 MIN.

ZUBEHÖR

1 Kochtopf – 1 Handmixer – 4 Gläser

ZUTATEN

4 Pfirsiche
1 Schuss Grenadine
20 g Butter
1 EL Rohrzucker
4 Kugeln weißes Schokoladeneis
100 ml Sahne
100 ml Milch

ZUBEREITUNG

Waschen, schälen, entkernen und achteln Sie die Pfirsiche. Schmelzen Sie die Butter im Kochtopf und geben Sie dann den Rohrzucker, die Pfirsichstücke und den Grenadine hinein. Lassen Sie alles bei schwacher Hitze 10 Minuten köcheln.
Füllen Sie die Pfirsiche in die Gläser. Mixen Sie das Schokoladeneis mit der Milch und der Sahne und geben Sie die Mischung auf die Pfirsiche.

BIRNEN-VERRINE MIT SALZBUTTER-KARAMELL

4 PERSONEN • MITTELPREISIG • EINFACH • ZUBEREITUNGSZEIT: 20 MIN. • KOCHZEIT: 5 MIN. • KÜHLZEIT: 60 MIN.

ZUBEHÖR

1 Kochtopf – 1 Pfanne – 4 Gläser

ZUTATEN

4 Birnen
20 g Rohrzucker
2 Becher Naturjoghurt
4 Sablés Bretons (bretonischer Butterkeks)
100 g Zucker
100 ml Schlagsahne
40 g Salzbutter
40 g Mandeln, gehackt

ZUBEREITUNG

Bereiten Sie das Salzkaramell zu, indem Sie Zucker in einem Kochtopf unter ständigem Rühren karamellisieren lassen. Löschen Sie es mit der Sahne ab und lassen es 2 bis 3 Minuten kochen. Rühren Sie die Salzbutter unter und stellen Sie die Karamellmasse anschließend kalt.

Waschen, schälen und vierteln Sie die Birnen. Schneiden Sie sie in feine Streifen und geben Sie diese mit dem Rohrzucker in eine Pfanne. Braten Sie die Birnen 5 Minuten und fügen Sie dann die gehackten Mandeln hinzu. Füllen Sie ein paar Birnenstreifen in die Gläser und bedecken Sie diese mit Karamell. Schichten Sie eine Lage Joghurt, 1 Butterkeks, wieder etwas Joghurt, eine Portion Birnen und etwas Karamell übereinander. Bestreuen Sie die Karamellschicht mit gehackten Mandeln.

Variante

Ersetzen Sie die Birnen durch Pfirsiche.

Tipp

Salzen Sie das Karamell mit etwas Fleur de Sel, um den Geschmackskontrast zu verstärken.

ERDBEER-BANANEN-MILCHSHAKE

4 PERSONEN · PREISWERT · SEHR EINFACH · ZUBEREITUNGSZEIT: 10 MIN.

ZUBEHÖR

1 Standmixer – 1 Schale – 4 Gläser

ZUTATEN

4 Kugeln Vanilleeis
100 ml Schlagsahne
100 ml Milch
150 g Erdbeeren
1 Banane
4 Pfefferminzblätter

ZUBEREITUNG

Schneiden Sie 50 g Erdbeeren und ein Drittel der Banane in kleine Würfel. Vermengen Sie die Obststücke in einer Schale miteinander und geben Sie sie dann in die Gläser. Pürieren Sie die restlichen Erdbeeren und die Banane im Standmixer. Mixen Sie anschließend das Vanilleeis, die Milch und die Sahne mit dem Fruchtpüree. Füllen Sie den Milchshake in die Gläser und garnieren Sie sie mit je 1 Pfefferminzblatt.

WIE IM SCHOKOLADEN-HIMMEL

4 PERSONEN · PREISWERT · EINFACH · ZUBEREITUNGSZEIT: 15 MIN.

ZUBEHÖR

1 Kochtopf – 1 Schale – 3 Schüsseln
1 Standmixer – 1 Spritztülle
4 Gläser – 1 Sparschäler

ZUTATEN

8 kleine Baisers
120 g dunkle Schokolade
2 Eier
20 g Zucker
200 ml Schlagsahne (sehr kalt)
20 g Schokolade zum Dekorieren

ZUBEREITUNG

Schmelzen Sie die Schokolade im Wasserbad. Schlagen Sie die Eier auf und trennen Sie die Eigelbe und die Eiweiße voneinander. Vermischen Sie die Eigelbe in einer Schüssel mit der Schokolade. Schlagen Sie in einer anderen Schüssel die Eiweiße zu Eischnee und rühren Sie vorsichtig den Zucker unter. Heben Sie den Eischnee vorsichtig unter die Schokoladen-Mousse. Schlagen Sie die Sahne steif und heben Sie sie ebenfalls vorsichtig unter die Mousse. Füllen Sie mit einem Spritzbeutel eine Schicht Schoko-Mousse in die Gläser und legen Sie dann je 1 Baiser pro Glas darauf. Wiederholen Sie den Vorgang und schließen mit einer Schicht Schoko-Mousse ab. Hobeln Sie mit dem Sparschäler Späne von der Schokolade und dekorieren Sie die Gläser damit.

Sweet dreams ...

Mug Cakes
ca. 96 Seiten, zahlreiche Farbfotos,
210 x 210 mm, gebunden
€ **9,99** ISBN 978-3-86852-987-6

Cronuts
128 Seiten, zahlreiche Farbfotos,
190 x 190 mm, gebunden
€ **12,99** ISBN 978-3-95843-056-3

Nutella
72 Seiten, zahlreiche Farbfotos, 190 x 190 mm,
gebunden
€ **9,99** ISBN 978-3-95843-118-8

Schokokuchen
64 Seiten, zahlreiche Farbfotos, 190 x 190 mm,
gebunden
€ **9,99** ISBN 978-3-95843-187-4

Für Schokoladenfreunde
64 Seiten, 170 x 170 mm, zahlreiche Farbfotos,
gebunden
€ **9,99** ISBN 978-3-86852-905-0

Wintermuffins
ca. 96 Seiten, zahlreiche Farbfotos, 210 x 210 mm,
gebunden
€ **9,99** ISBN: 978-3-86852-957-9

... Party-Träume

Grüne Smoothies
52 farbig gestaltete Rezeptkarten in einer dekorativen Metallbox
€ **9,99** ISBN 978-3-95843-051-8

Cocktails
52 farbig gestaltete Rezeptkarten in einer dekorativen Metallbox
€ **9,99** ISBN 978-3-95843-050-1

Grillen wie die Weltmeister
52 farbig gestaltete Rezeptkarten in einer dekorativen Metallbox
€ **7,99** ISBN 978-3-86852-438-3

Gerd Käfers Wiesn-Schmankerl
80 Seiten, zahlreiche Farbfotos, 185 x 185 mm, gebunden
€ **9,99** ISBN 978-3-86852-958-6

Steven Raichlens Barbecue Bible
336 Seiten, 183 x 225 mm, zahlreiche Farbfotos, gebunden
€ **29,95** ISBN 978-3-95843-052-5

Pommes de Luxe
Buch: 80 Seiten, zahlreiche Farbfotos, 163 x 210 mm, Paperback, in dekorativer Geschenkbox, mit hochwertiger Porzellanschale und Edelstahlpicker
€ **16,99** ICDN 078 3 86852 048 7

Bestellungen unter www.heel-verlag.de und in jeder Buchhandlung